MILLA
und die sehr gefräßige Schule

Außerdem in der Reihe *Kleine Lesehelden* erschienen:

Sabine Bohlmann, *Der kleine Siebenschläfer kommt in die Schule*
Otfried Preußler, *Der Räuber Hotzenplotz*
Otfried Preußler, *Die kleine Hexe*
Ralph Caspers, *Milla und die verfluchten Vampirzähne*
Otfried Preußler, *Das kleine Gespenst*
Martina Baumbach, *Die Tierwandler*
Otfried Preußler, *Der kleine Wassermann*
Max Kruse, *Urmel aus dem Eis*

Caspers, Ralph · Ulf K.:
Kleine Lesehelden – Milla und die sehr gefräßige Schule
ISBN 978 3 522 18588 2

Text: Ralph Caspers
Gesamtausstattung: Ulf K.
Rätselideen: Sandra Ladwig
Einbandtypografie und Reihengestaltung: formlabor
Innentypografie: Bettina Wahl
Reproduktion: HKS-artmedia, Ostfildern
Druck und Bindung: Livonia Print, Riga

© 2022 Thienemann
in der Thienemann-Esslinger Verlag GmbH
Printed in Latvia. Alle Rechte vorbehalten.
Wir behalten uns die Nutzung unserer Inhalte für Text und
Data Mining im Sinne von § 44b UrhG ausdrücklich vor.
4. Auflage 2025

www.thienemann.de

Ralph Caspers

MILLA und die sehr gefräßige Schule

Mit Bildern von Ulf K.

Thienemann

Wen die Schule zum Fressen gern hat:

Ben ist Millas bester Freund. Er pfeift gern so lustig und laut, dass die Wände anfangen zu wackeln – und mitzuschunkeln.

Milla hat einen guten Riecher für Geheimnisse. Und auch die Schule mag ihre Nase. Oder besser gesagt, das, was in ihrer Nase steckt.

Frau Rosenfeld kennt alle Kinder aller Klassen. Als Direktorin weiß sie sehr viel und hat trotzdem keine Ahnung, was in ihrer Schule vor sich geht.

Frau Ycks arbeitet als
Erzieherin im Kindergarten.
Sie macht mit ihren
Vorschulkindern Schnuppertage
in der Schule, die niemand
so schnell vergisst.

Herr Tschurtschenthaler
macht, was Hausmeister
so machen. Und das ist sehr
viel geheimnisvoller und
rätselhafter, als sich alle
vorstellen können.

1. Die Laune

Milla hat schlechte Laune. Sie sitzt
am Frühstückstisch und matscht mit
dem Löffel durch ihr Müsli. Sie ist

sechs Jahre alt und erst vor Kurzem
eingeschult worden. Warum hat sie
schlechte Laune? Sie will nicht zur
Schule gehen.

Ihr Papa seufzt und sagt: „Ach,
komm, die Schule wird dich schon
nicht auffressen."

Doch genau das ist das Problem.
Millas Schule ist eine Monsterschule:
Sie frisst Kinder.

Möchtest du wissen, wie Milla das
herausgefunden hat? Alles begann
vor ein paar Monaten mit einem
Ausflug. Da war sie noch in der
Igelgruppe im Kindergarten.

Rätsel

Millas Kindergartengruppe trägt
den Namen eines Tieres. In Millas Müsli hat
sich das Tier versteckt. Findest du es?

Antwort: Milla geht in die _ _ _ _ GRUPPE.

2. Der Ausflug

„Die Igelgruppe stellt sich bitte auf.
Wir wollen jetzt losgehen."
Milla kann sich kaum die Schleife
binden, so aufgeregt ist sie. Heute
machen alle Igel einen Ausflug
in die Schule. Dort ist nämlich
Schnuppertag.
Frau Ycks, die lustigerweise mit
Ypsilon geschrieben wird, steht an
der Tür vom Kindergarten. Es gibt
ein großes Durcheinander im Flur
vor den Gruppenräumen. Alle Kinder
laufen hin und her.
„Nicht die Spiegelgruppe, die Igelgruppe kommt bitte jetzt zusammen."

Neben Frau Ycks baut sich ein kleiner Junge auf und grinst breit. Frau Ycks schaut herunter und sagt: „Jonas! Du bist ein Ziegel. Die Ziegelgruppe ist erst morgen dran."
Jonas zieht eine Schnute und geht.

Frau Ycks schüttelt den Kopf und murmelt: „Wer kam eigentlich auf die Idee, den Gruppen Namen zu geben, die sich reimen? So ein Drunter und Drüber!"

„Das ist doch noch gar nichts", sagt ihr Kollege Herr Zeh, der lustigerweise mit Zett geschrieben wird. „Ich habe mal in einer Kita gearbeitet, da war das Chaos viel größer, obwohl wir nur zwei Gruppen hatten: die Ski-Flieger und die Schief-Lieger."

Frau Ycks schaut verwirrt. Inzwischen sind immer mehr Igelkinder angezogen. Dann kann es ja losgehen!

Rätsel

Finde die passenden Reimwörter!

IGEL   ZEH

‑ ‑ ‑ ‑ ‑ ‑ ‑ ‑   ‑ ‑ ‑ ‑ ‑ ‑ ‑ ‑

‑ ‑ ‑ ‑ ‑ ‑ ‑ ‑   ‑ ‑ ‑ ‑ ‑ ‑ ‑ ‑

‑ ‑ ‑ ‑ ‑ ‑ ‑ ‑   ‑ ‑ ‑ ‑ ‑ ‑ ‑ ‑

‑ ‑ ‑ ‑ ‑ ‑ ‑ ‑   ‑ ‑ ‑ ‑ ‑ ‑ ‑ ‑

3. Die Schule

Vor der Schule warten die Igelkinder
darauf, dass sich die große
Eingangstür öffnet. Frau Ycks verteilt
Taschentücher.
„Putzt euch ordentlich die Nase, damit
ihr gut schnuppern könnt", sagt sie.
Ben ist auch mit Milla in der
Igelgruppe. Die beiden sind gute
Freunde. Ben geht sehr gern in den
Kindergarten und hat überhaupt keine
Lust auf die Schule. Deshalb weigert
er sich auch, die Nase zu putzen.
„Ich find das doof", sagt er und zieht
eindrucksvoll die Nase hoch.
Milla dagegen gibt alles, was in ihrer

Nase steckt. Das Taschentuch ist jetzt richtig nass und durchgeschnäuzt. Ihr Blick fällt auf das Schulgebäude. Es ist alt und groß. Die Außenwände sind bedeckt mit grünen Schindeln. Sie erinnern Milla an schuppige Drachenhaut. Nicht dass sie schon mal einen Drachen gesehen hätte – aber genauso stellt sie ihn sich vor. Das Gebäude liegt breit und fett da wie eine riesige Raubkatze.

Sie tut so, als würde sie schlafen. In Wahrheit aber lauert sie auf Beute. Oh, haben die Augen gerade geblinzelt? Nein, es waren nur die Fenster, die in der Sonne glitzern. Oder?

Milla bewegt sich langsam nach links. Die Fenster verfolgen jeden Schritt von ihr. Wie große dunkle Augen. Oder bildet sich Milla das nur ein? Sie bewegt sich nach rechts und schaut auf die Schule. Die Schule schaut zurück. Milla hat ein seltsames Gefühl. Plötzlich reißt die dicke Katze ihr Maul auf und – ach, nein, es ist nur die Schultür, die gerade aufgeht.

Rätsel

Finde die fünf Raubkatzen in den Fenstern der Schule! Setze dafür die Silben in der gleichen Farbe zusammen.

1. _ _ _ _ _

2. _ _ _ _ _ _

3. _ _ _ _

4. _ _ _ _

5. _ _ _ _ _ _

4. Das Taschentuch

Durch die offene Tür der Schule
schwebt Frau Rosenfeld, die Direktorin.
„Herzlich willkommen zum
Schnuppertag, liebe Kinder! Heute
könnt ihr eure neue Schule ein
bisschen kennenlernen. Ich weiß, wie
wichtig das ist. Ich habe nämlich
auch erst vor Kurzem als Direktorin
an dieser Schule angefangen. Und
bald seid ihr ja auch jeden Tag hier.
Na, dann kommt rein und reißt eure
Nasen auf.“
Die Kinder schauen sie erschrocken an.
„Das war nicht wörtlich gemeint“,
lächelt Frau Rosenfeld.

Während Milla mit großen Augen die Schule betritt, hält sie sich an ihrem vollgeschnieften Taschentuch fest. Sie schaut sich um. Ihr Blick fällt auf die großen Bilderrahmen an der Wand. Dort hängen Fotos von allen Kindern der Schule.

Die sehen nett aus, denkt sich Milla,
als ihr auf einmal etwas Feuchtes
und Kaltes das Taschentuch aus der
Hand reißt.
„Was – was war das?" Milla sucht den
Boden ab. Wo ist das Taschentuch?
Es saust über den Flur. Um das
Papier hat sich etwas Rosafarbenes
geschlungen. Es sieht aus wie ein
dicker runder Schnürsenkel aus
Kaugummi. Dieser lange glänzende
Faden zieht das Taschentuch zu einer
Tür. Bevor Milla etwas sagen kann,
wird ihre volle Rotzfahne von dem
Kaugummi-Schnürsenkel unter den
Türspalt gezogen und ist weg.
Milla reibt sich die Augen. Sie versteht

nicht, was sie gerade gesehen hat.
Wer hat ihr das volle Taschentuch
aus der Hand gerissen? Sie hat keine
Zeit, länger darüber nachzudenken,
denn der Schnuppertag beginnt.

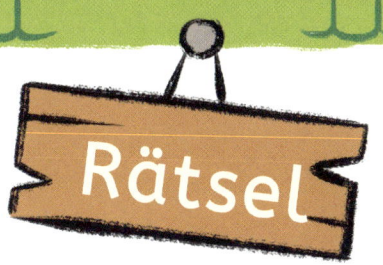

Rätsel

Was hat das rosa Kaugummi alles verschluckt? Die Bilder verraten es dir. Kreise ein.

A B C

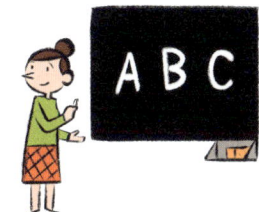

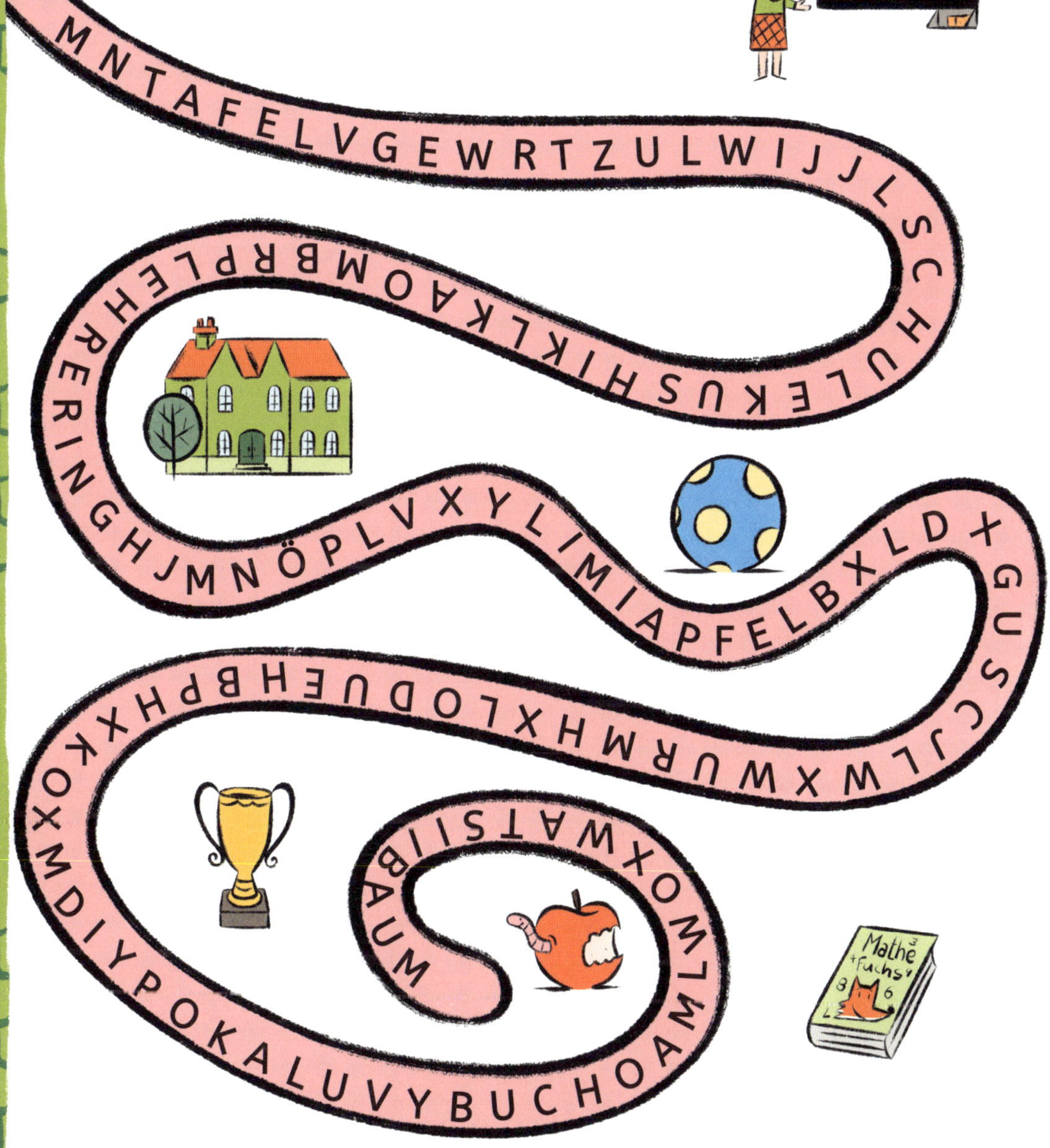
MNTAFELVGEWRTZULWIJJLSCHULEKUSHIKLKAOMBRPLEHRERINGHJMNÖPLVXYLIMIAPFELBXLDXGUSCJLWXWURMHXLODUEHBPHXKOXMDIYPOKALUVYBUCHOAMLWOXWATSIIBAUM
Mathe Fuchs

5. Der Schnuppertag

Heute haben die Schulkinder frei. So
können Milla und die anderen aus der
Igelgruppe ungestört durch die Schule
streifen. Sie sollen herausfinden,
welche Gerüche es dort gibt. Wie
riecht der Eingang? Wie riechen
die Klassenzimmer? Wie riecht die
Turnhalle? Wie riechen die Räume,
in denen gegessen wird? Wie riechen
die Zimmer, in denen die Schulkinder

ihre Hausaufgaben machen? Wie riechen die Stühle und die Tische? Wie riechen die Poster an den Wänden? Wie riechen die Wände? Milla entdeckt viele Gerüche, die sie schon kennt. Das Papier von den Büchern in der Leseecke. Oder das Gummi von den Bällen in der Turnhalle.

Einen Geruch hat Milla entdeckt, der ihr völlig neu ist. Dabei erscheint er ihr ganz alt. Es ist ein seltsamer Geruch. Wie ein Furz, der viel zu lange in der Luft hängt, vermischt mit dem Duft einer Tafel Schokolade, die etwas feucht in ihrer Verpackung geworden ist.

Als Milla an der Tür vorbeigeht, durch die ihr Taschentuch verschwunden ist,

ist der Geruch besonders aufdringlich.
Sie geht etwas näher an die Tür
heran. Sie traut sich kaum zu atmen.
Sie legt ihr linkes Ohr auf die Tür. Sie
lauscht. In dem Zimmer hinter der Tür
hört sie etwas: ein leises Schmatzen
und Grunzen.
„Was machst du denn da?", faucht
eine laute Stimme.
Milla schreckt auf. Der Mann, dem
die Stimme gehört, schaut Milla
mit zusammengekniffenen Augen
an. Er rasselt mit einem riesigen
Schlüsselbund und zeigt auf die Tür,
an der Milla steht. Milla antwortet
nicht und läuft schnell zu ihrer
Gruppe zurück.

Rätsel

Was hört Milla hinter der Tür? Ordne die Buchstaben, die in Millas Ohr gelangen.

S _ _ _ _ _ _ _ _ _

G _ _ _ _ _ _

6. Die Viertklässler

„Jetzt habt ihr die Nase voll, oder?",
fragt Frau Rosenfeld.
Milla und die anderen Kinder, die
schnuppernd durch das Schulgebäude
gelaufen sind, sitzen in einem
Klassenzimmer.
„Ich meine natürlich: Jetzt habt ihr
viel gerochen. Und ihr konntet euch
einen guten Eindruck von unserer
Schule machen. Die ja bald auch eure
Schule ist. Vielleicht habt ihr jetzt ein
paar Fragen."
Alle Kinder heben gleichzeitig ihre
Arme hoch und melden sich.
„Sehr schön", lacht Frau Rosenfeld.

„Aber nicht ich werde eure Fragen beantworten, sondern die Kinder, die normalerweise in diesem Klassenzimmer sitzen. Die 4a ist heute extra für euch in die Schule gekommen."

Frau Rosenfeld öffnet die Tür des
Klassenzimmers. Aus dem Flur
kommt eine Gruppe von Viertklässlern
herein. Die meisten wirken sehr
freundlich. Nur einer aus der Gruppe
sieht total mürrisch aus. Er wirkt auch
viel älter. Außerdem trägt er einen
riesigen Schlüsselbund.
„Und hier ist die 4a", sagt Frau

Rosenfeld. „Und um die erste Frage direkt zu beantworten, bevor sie überhaupt gestellt wird: Der große Viertklässler mit dem Schlüsselbund ist gar kein Viertklässler. Das ist unser Hausmeister, Herr Tschurtschenthaler."
Milla muss niesen.
„Gesundheit", sagt Frau Rosenfeld.

„Sehr witzig", zischelt Herr Tschurtschenthaler und blickt finster zu Milla. Er denkt nämlich, dass sich Milla und Frau Rosenfeld über ihn lustig machen. Denn seitdem er sich erinnern kann, reißen Menschen Witze darüber, wie er heißt. Meistens tun sie so, als hätte er geniest, wenn er seinen Nachnamen sagt.

Ungefähr so: „Darf ich mich vorstellen? Tschurtschenthaler." – „Gesundheit! Ha, ha! Was für ein Nachname!"

Herr Tschurtschenthaler kann das überhaupt nicht leiden. Was er auch nicht leiden kann, sind Kinder, die zu viele Fragen stellen.

Rätsel

Herr Tschurtschenthaler hat einen
lustigen Namen. Diese Menschen auch.
Wie heißen sie? Lies laut!

① ___ ___

② ___ ____

③ ____ _____

④ ___ _____

7. Die Fragerunde

Frau Rosenfeld blickt aufmunternd
zu den Kindern der Igelgruppe: „Wer
möchte denn die erste Frage stellen?"
Bens Arm geht am schnellsten in
die Luft. Ohne abzuwarten, dass er
drangenommen wird, ruft er: „Darf
ich mal auf Klo?"
Die Kinder lachen. Frau Rosenfeld
erklärt Ben den Weg zur Toilette – und
er huscht aus dem Klassenzimmer.
Die Fragerunde beginnt. Die Kinder der
Igelgruppe möchten sehr viel wissen:
„Sind alle nett hier?"
„Ja", drängelt sich Herr Tschurtschenthaler mit der Antwort vor.

Es gibt einen kurzen Moment, in dem
niemand sich traut, etwas zu sagen.

„Wie alt ist die Schule?"

„Es ist das älteste Schulgebäude der
Stadt", erzählt Frau Rosenfeld.

„Wie ist das Essen?"

„Eigentlich ganz gu–"

Da wackelt auf einmal das ganze
Gebäude.

Frau Rosenfeld sagt: „Oh, was ist
denn das? Ein Erdbeben?"

Zum Glück weiß die Direktorin, was in
so einem Fall zu tun ist. Alle Kinder
gehen geordnet nach draußen und
stellen sich im Hof auf.

Dort hören sie ein lautes Geräusch,
das aus dem Gebäude kommt.

Zuerst ist es ein metallisches Klonk.
Dann verwandelt es sich in ein
quietschendes Mihrk. Dann klingt es,
als würde eine riesige Klospülung
laufen. Dann ist Ruhe. Auch das
Gebäude wackelt nicht mehr.
Milla schaut sich um. Sie blickt zu
den Erwachsenen und fragt: „Wo ist
eigentlich Ben?"

Rätsel

Die Kinder machen sich auf die Suche nach Ben. Wohin gehen sie zuerst?

8. Die Suche

Alle rennen durch die Schule und
suchen Ben. Natürlich gehen sie
zuerst zur Toilette in der Nähe
des Klassenraums der 4a. So eine
Schultoilette ist nicht gedacht für
35 Kinder und 3 Erwachsene. Es ist
sehr eng. Und Ben ist nicht da.
Dann durchsuchen sie alle Etagen
des Schulgebäudes. Sie schauen
in alle Jungs-Klos. Sie schauen in
alle Mädchen-Klos. Sie schauen
in die Klassenzimmer und in die
Abstellkammern. Sie hören ein
regelmäßiges dumpfes Boing-Boing.
Aber es ist kein Ben zu sehen.

Während sie durch die Gänge laufen, kommt es Milla so vor, als würden sich die Wände mit ihnen bewegen. Es wirkt, als ob die Fenster in den Fluren den Kindern hinterherschauen und ganz genau beobachten, wohin sie als Nächstes rennen. Sie hören ein gedämpftes Kreischen. Es klingt wie Ben. Als wäre er ganz nah und trotzdem sehr weit weg.

Dann stehen sie auf einmal vor der Tür, unter der Millas Taschentuch verschwunden ist. Jetzt läuft Wasser unter dem Spalt aus dem Zimmer in den Flur. Hinter der Tür ist ein Schmatzen und Quietschen zu hören. Ist das Ben?

„Das kommt aus meinem Büro!", ruft Herr Tschurtschenthaler und fuchtelt wild mit dem großen Schlüsselbund hin und her. An der Tür steckt er zielstrebig einen Schlüssel ins Schloss, dreht ihn um und zieht die Tür auf. Die Kinder drängeln sich an Herrn Tschurtschenthaler vorbei.

Milla kommt es so vor, als hätte sie gerade noch sehen können, wie der Raum seine Farbe ändert – von einem freundlichen Kaugummirosa zu einem monströsen Reißzahngelb. Ben plumpst auf den Boden in eine riesige Pfütze. Er ist nass von oben bis unten. Überall ist Wasser. Es rinnt die Wände runter.

„Ich – ich", Ben muss Luft holen.
Er lacht und kichert. „Ich bin total
durchgekitzelt worden. Ich wusste gar
nicht, dass Schule so lustig ist."
„Oh!", sagt Frau Rosenfeld.
Und Herr Tschurtschenthaler raunt:
„Es geht wieder los."

Rätsel

Mit welchem Geräusch beginnt Bens Abenteuer?
Bringe die Wassertropfen in
die richtige Reihenfolge.

Antwort: Mit einem _ _ _ _ _ _ _ _.

9. Das Abenteuer

Möchtest du wissen, was Ben erlebt hat? Es war ein Abenteuer. Gäbe es das Wort „Abenteuer" nicht, es müsste für Bens Erlebnis erfunden werden. Und würde Ben nicht Ben, sondern Dietmar heißen, dann würden wir jetzt bestimmt von einem Adietmarteuer reden.

Du erinnerst dich bestimmt, dass Ben auf Toilette gehen wollte.

Da sitzt er nun und schaut sich um. Es ist alles viel größer als im Kindergarten. Er pfeift anerkennend. Der Pfiff hallt hervorragend durch den Raum. Ben fängt an, ein ganzes

Lied zu pfeifen. So laut er kann. Es ist ein richtiges Konzert.

Auf einmal wackeln die Wände im Takt von Bens Pfeifen. Er stoppt und die Wände hören auf zu wackeln. Er pfeift weiter und die Wände bewegen sich wieder zur Musik. Nach einer Weile stoppt Ben. Die Wände auch. Dann schüttelt sich auf einmal die Kloschüssel. So als wollte sie Ben dazu bringen, weiter zu pfeifen.

„He, was soll das?" Ben versucht, sich festzuhalten.

Da hört er ein metallisches Klonk. Dann ein Quietschen. Darauf ein leises Gurgeln. Und ohne Warnung schießt ein Wasserstrahl aus der Kloschüssel.

Es gibt eine
Fontäne wie bei einem
Springbrunnen.
Das Wasser
sprudelt
Ben nach
oben in
die Luft.
Er fühlt sich
ganz schwerelos.
Gleichzeitig passiert
etwas Unglaubliches:
Die Toilette unter Ben
wird groß und
breit. Sie sieht
gar nicht mehr
aus wie eine

Kloschüssel, sondern ähnelt dem
Einstieg zur Wasserrutsche im Freibad.
Der Wasserstrahl bricht ab. Ben fällt
hinab in die Rutsche. Sie ist weich und
nass. Und sie ist sehr glitschig.
Wie in einer Achterbahn saust Ben
die Rutsche hinab. Zuerst ist alles
dunkel. Dann fangen die Wände
an zu leuchten. Es ist ein helles
Blau, gemischt mit einem fröhlichen
Grün. Hier und da glänzen lila- und

pinkfarbene Punkte. Ben rauscht
durch Höhlen und Tunnel. Es gibt
enge Kurven und steile Abhänge.
Und dann fällt er plötzlich durch ein
Loch in der Decke eines Zimmers mit
Schreibtisch und Regalen voller
alter Notizbücher.
Er landet ganz weich, denn der
gesamte Raum ist wie eine Hüpfburg.
Wie eine sehr nasse Hüpfburg. Der
Boden bewegt sich auf und ab,
als würden viele Kinder auf einem
Trampolin springen. Dann bekommt
das Hüpfkissen eine Gänsehaut. Die
kleinen Erhebungen werden zu langen,
weichen Stielen. Und die fangen an,
Ben durchzukitzeln. Es ist so lustig

und kitzelig, dass Ben prusten und
niesen muss.

Da wird auf einmal die Tür geöffnet.
Das Kissen verschwindet. Das Kitzeln
hört auf. Und die gesamte Igelgruppe
steht vor Ben. Er bekommt vor lauter
Lachen kaum ein Wort heraus.
Ben erzählt, was ihm passiert ist.
Frau Ycks schüttelt nur den Kopf. Sie
weiß, dass Ben sehr viel Fantasie hat.
Die anderen Igel-Kinder staunen. Ob
Ben auf der Toilette wieder mit dem
Wasser gespielt hat? Das wäre nicht
das erste Mal. Und ob er sich danach
verlaufen hat? Auch das wäre nicht
das erste Mal.
Nur Milla glaubt ihm jedes Wort.

Ben erlebt spannende Dinge auf dem Schulklo! Was passiert alles? Setze die fehlenden Wörter ein.

Zuerst schüttelt sich das _ _ _.

Dann schießt ein _ _ _ _ _ _ _ _ _ _ _ _ _ _ aus der Kloschüssel.

Ben fällt hinab in eine _ _ _ _ _ _ _ _.

Er fühlt sich wie in einer _ _ _ _ _ _ _ _ _ _.

Er landet in einem Zimmer, das eine _ _ _ _ _ _ _ _ ist.

10. Die Vermissten

Bücher sind übrigens die besten
Zeitmaschinen. Du kannst ganz
schnell in die Vergangenheit reisen
und erfahren, was am Schnuppertag
passiert ist. Und mit einem
Umblättern hast du Sommerferien
und Einschulung übersprungen und
bist wieder in der Gegenwart.
Herzlich willkommen
zurück.

Erinnerst du dich noch an Kapitel 1?
Während du gelesen hast, was
beim Schnuppertag passiert ist, hat
Milla fertig gefrühstückt und sich
auf den Weg zur Schule gemacht.
Wahrscheinlich stellst du dir jetzt
zwei Fragen.
Erstens, wie kommt Milla eigentlich
darauf, dass die Schule Kinder
frisst? Ihr Freund Ben wurde zwar
heruntergeschluckt, aber er wurde
auch wieder ausgespuckt.
Und zweitens: Was meint Herr
Tschurtschenthaler, wenn er sagt:
„Es geht wieder los"?
Hier kommt die Antwort zur
ersten Frage. Milla ist etwas sehr

Eigenartiges aufgefallen: In der
Schule fehlen Kinder. Gerade ist große
Pause und sie steht wieder vor den
Klassenfotos, die im Schulflur hängen.
Ben kommt zu ihr.
„Warum guckst du dir diese Bilder
immer so genau an?", möchte er
wissen.
Milla zeigt auf die Fotos der vierten
Klassen. „Wo sind die alle? Die waren
so nett zu uns beim
Schnuppertag."

„Die laufen hier bestimmt
irgendwo rum", sagt Ben.
„Eben nicht. Die
sind weg", sagt
Milla. „Ich hab

alles abgesucht. In den Pausen. Beim Mittagessen. Nach der Schule. Es gibt sie nicht mehr. Wenn ich frage, wo die Kinder aus der 4a sind, dann zeigen alle immer auf ganz andere Kinder. Nicht auf die, die mit uns den Schnuppertag gemacht haben."

Ben ist sprachlos. Ihm ist noch gar nicht aufgefallen, dass die Kinder aus der Vierten verschwunden sind. Er überlegt. Dann fragt er: „Wenn sie nicht hier sind – wo sind die dann?"

„Ich glaube", antwortet Milla, „ich glaube, die Schule hat sie –" Sie hält inne und schaut nach links und nach rechts, um sicherzugehen, dass sie niemand belauscht. Dann spricht sie

sehr leise weiter: „Ich glaube, die Schule hat sie verschluckt. Genau wie dich. Nur hat sie die aus der Vierten nicht mehr ausgespuckt."
Ben steht da mit offenem Mund. Zuerst bewegt er sich gar nicht mehr. Dann schüttelt er den Kopf und flüstert: „Nein. Das kann nicht sein. Glaubst du echt, unsere Schule frisst ganze Klassen auf?"
Milla verzieht ihren Mund und zuckt mit den Schultern.

Die vermissten Kinder aus der vierten Klasse sind der Grund, warum Milla denkt, dass die Schule so gefräßig ist. Aber was ist die Antwort auf die zweite Frage? Was war noch mal die zweite Frage?

Rätsel

Milla denkt, die Schule sei gefräßig.
Fallen dir noch andere Wörter für gefräßig ein?
Setze die fehlenden Buchstaben ein.

VERF _ ESS _ N

_ UNGR _ G

N _ MMER _ A _ T

UNERS _ TTL _ CH

11. Der Hausmeister

Seit dem Vorfall am Schnuppertag hat
Herr Tschurtschenthaler keine ruhige
Minute mehr. Er ist der Hausmeister.
Man könnte auch „Meister des Hauses"
sagen, denn eigentlich wäre das viel
genauer.
Herr Tschurtschenthaler gehört zu
einer alten geheimen Organisation
von Frauen und Männern. Nach außen
sieht es nur so aus, als wechseln sie
kaputte Lichter, reparieren tropfende
Wasserhähne oder brüllen Kinder
an, die zu schnell durch die Gänge
rennen. In Wahrheit aber sind sie für
ihre Häuser in einer Art und Weise

verantwortlich, die
alle Vorstellungen
übersteigt.
Hast du dich schon
mal gefragt, warum
Bilderrahmen, die du schön
gerade an der Wand befestigt hast,
auf einmal ganz schief hängen,
ohne dass sie jemand berührt hätte?
Hast du schon mal mitbekommen,
dass es im Haus Geräusche gibt,
obwohl niemand außer dir da ist?
Ist dir jemals
aufgefallen,
dass du lüften
kannst, wie
du willst, aber

bestimmte Gerüche
verschwinden einfach
nicht? So ein Haus
ist mehr als ein
paar Wände
mit einem Dach
darüber. Manche
Häuser haben ein
Eigenleben. Und
sie sind auch sehr
eigen.

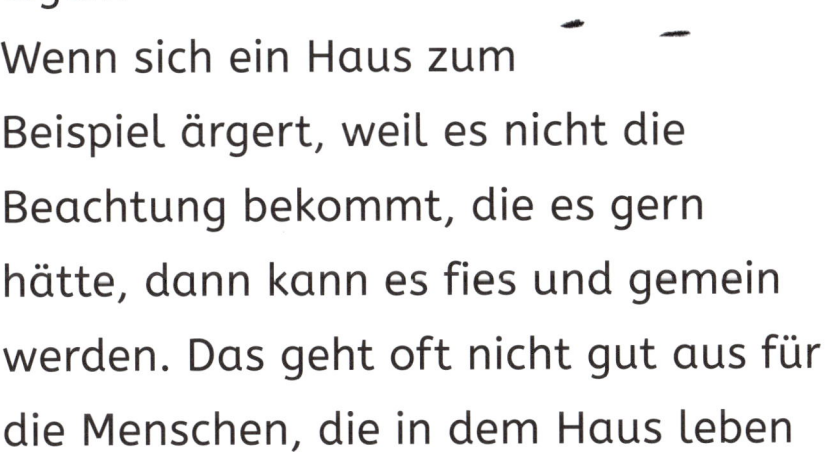

Wenn sich ein Haus zum
Beispiel ärgert, weil es nicht die
Beachtung bekommt, die es gern
hätte, dann kann es fies und gemein
werden. Das geht oft nicht gut aus für
die Menschen, die in dem Haus leben

oder es betreten. Spukhäuser sind meistens nur beleidigte Häuser. Deshalb sorgen die Hausmeisterinnen und Hausmeister im Geheimen dafür, dass die Häuser sich wohlfühlen. Kein Wunder, dass im Wort „geheim" ein „Heim" versteckt ist.

Tatsächlich merken viele Menschen nicht, dass ihr Heim ein eigenes, verborgenes Leben hat. Das wahre Wesen des Heims ist geheim. Und die Hausmeister kümmern sich darum, dass es so bleibt. Häuser würden Menschen sonst viel zu viel Angst einjagen.

Manchmal fängt ein Haus an, komisch zu werden. Manchmal ist es so, als

hätte es geschlafen und wacht
wieder auf.
Das ist dann der Zeitpunkt, an
dem ein Hausmeister wie Herr
Tschurtschenthaler sagt:

Und er hofft, dass er
noch alles weiß, was er
in seiner Ausbildung
gelernt hat.
Aber wofür macht
man sich Notizen.

Rätsel

Im Wort GEHEIM steckt das Wort HEIM.
Welche Wörter haben sich in diesem langen Wort
versteckt? Wie viele findest du?

HAUS MEISTER INNEN

MEIST, _ _ _ _ _ _ _ _ _ _ _ _ _ _ _

_ _ _ _ _ _ _ _ _ _ _ _ _ _ _ _ _ _ _

_ _ _ _ _ _ _ _ _ _ _ _ _ _ _ _ _ _ _

12. Die Notizen

„Es ist alles weg!"
Herr Tschurtschenthaler ist sehr
aufgeregt.
„Jetzt beruhigen Sie sich erst mal
wieder", sagt Frau Rosenfeld.
Herr Tschurtschenthaler hat ihr
eine unglaubliche Geschichte über
ein lebendiges Haus erzählt. Und
über geheime Hausmeisteraufgaben.
Sie befürchtet, dass er etwas
überarbeitet ist und vielleicht mal
eine Pause braucht. Anders gesagt:
Sie glaubt ihm kein Wort.
„Alles, was ich mir während meiner
Ausbildung aufgeschrieben habe –

alles nicht mehr zu lesen. Die ganze
Schrift: weggewaschen."
Herr Tschurtschenthaler rauft sich
die Haare. Als das Wasser am
Schnuppertag durch sein Büro
rauschte, hat es seine gesamten

Notizbücher aufgeweicht. Keine seiner
Aufzeichnungen ist noch lesbar.

Frau Rosenfeld ist ratlos. „Mir hilft
immer, etwas ganz anderes zu tun.
Das bringt mich oft auf neue
Gedanken", schlägt sie vor. „Die
Klassenbilder müssten schon seit
langer Zeit ausgetauscht werden.
Vielleicht machen Sie das jetzt
einfach eben."

Herr Tschurtschenthaler seufzt. Er
schnappt sich die großen Bilderrahmen,
die neben dem Schreibtisch von Frau
Rosenfeld stehen. Dann geht er in die
Eingangshalle der Schule. Dorthin,
wo Milla und Ben sich eben noch die
Gruppenfotos angeschaut haben.

Die beiden wollen gerade in ihre
Klasse gehen, als sie bemerken,
dass Herr Tschurtschenthaler zu
den Bildern trottet. Er hat große
Rahmen in der Hand.

„Was macht der Hausmeister da?“,
flüstert Milla zu Ben.

Die beiden bleiben stehen und
beobachten, wie Herr Tschurtschenthaler die Bilder der Viertklässler
abhängt und austauscht.

Millas Mund bleibt offenstehen. Sie
kann nicht fassen, was sie gerade
sieht. „Der Hausmeister! Der steckt
mit dem Haus unter einer Decke!
Der hängt neue Bilder auf!“

Ben versteht sofort, was Milla meint.

Wenn Herr Tschurtschenthaler neue
Bilder von Viertklässlern aufhängt,
dann merkt niemand mehr, dass die
alten vierten Klassen verschwunden
sind. So verwischt er die letzten
Spuren. Und er vertuscht, dass das
Haus die Kinder gefressen hat.
„Was machen wir denn jetzt?",
fragt Ben.

Rätsel

Im neuen Bild der Viertklässler hat sich doch tatsächlich eine kleine Eule versteckt. Findest du sie?

Wie oft findest du:

eine blaue Hose? ☐

einen Pferdeschwanz? ☐

eine Brille? ☐

einen roten Pullover? ☐

13. Die Verschwörung

„Wir müssen zu Frau Rosenfeld.
Die kennt die Kinder ja noch vom
Schnuppertag", sagt Milla.
Die beiden laufen so schnell sie
können zur Direktorin.
Herr Tschurtschenthaler brüllt ihnen
noch hinterher: „Nicht rennen! Das hier
sind Gänge. Das kommt von Gehen",
aber darauf achten sie gar nicht.
Sie klopfen an die Tür der Direktorin
und stürmen in ihr Zimmer, ohne auf
Antwort zu warten. Dann erzählen
sie Frau Rosenfeld, dass das Haus die
Viertklässler gefressen hat und dass
Herr Tschurtschenthaler mit dem

Haus gemeinsame Sache macht.

In diesem Moment kommt der

Hausmeister mit den alten Bildern

in das Büro der Direktorin.

„Da!", brüllen Milla und Ben und

zeigen auf die Fotos der Viertklässler.

„Das sind die Kinder!"

Frau Rosenfeld atmet tief ein. Dann

sagt sie: „Milla. Ben. Das sind die Bilder der Viertklässler. Vom letzten Jahr. Die sind natürlich nicht mehr bei uns. Die sind doch jetzt alle auf den weiterführenden Schulen."

Klar! Wie konnten Milla und Ben das nur vergessen? Sie werden ein bisschen rot.

„Das heißt, die Schule frisst keine Kinder?", fragt Milla und schaut zu Frau Rosenfeld und Herrn Tschurtschenthaler, die nebeneinander vor ihr stehen.

Frau Rosenfeld schüttelt sanft den Kopf und haucht „nein", während Herr Tschurtschenthaler heftig nickt und „doch" sagt.

„Das könnte schon passieren", erklärt
er weiter, „wenn wir nicht schnell
herausfinden, was das Haus
wirklich mag. Häuser können sehr
empfindlich sein."
Milla und Ben schauen sich an und
lächeln. „Das ist einfach", sagen
sie gleichzeitig.

Rätsel

Was mag das Haus? Löse das Kreuzworträtsel.

1. Was machen die Kinder in der Schule?
2. An was erinnert Milla das Schulgebäude?
3. Wie heißt Millas Kindergartengruppe?
4. Wo hängen die Klassenfotos?
5. Wie heißt die Direktorin der Schule?
6. Was ist Herr Tschurthschenthaler?
7. Wie heißt Millas Freund?

Das Haus mag _ _ _ _ _ und _ _ _ _ _ .

1 2 3 4 5   1 2 3 4 5

14. Das Ende

Milla und Ben sind erst seit ein paar Wochen Schulkinder. Aber sie haben schon eine Menge gelernt.

„Also", beginnt Milla, „die Schule mag – das klingt ein bisschen eklig: Popel und Rotz."

Milla schnieft in ein Taschentuch und legt es auf den Boden. Ben bohrt in der Nase und flitscht den Popel mit einem gekonnten Fingerschnippser an die Wand.

„Also, Kinder, ich weiß ja nicht", protestiert Frau Rosenfeld. Da tauchen aus einer schmalen Ritze in der Wand die rosafarbenen Schnüre

auf. Als hätte das Haus nur darauf
gewartet. Die Schnüre wickeln sich um
das Papier. Sie greifen wie ein winziger
Elefantenrüssel den Popel. Und
schneller als man niesen kann, sind
Taschentuch und Popel in der Wand
verschwunden. Das Haus schmatzt
zufrieden.

„Und Musik mag es auch", sagt Ben.
Er fängt an, eine fröhliche Melodie
zu pfeifen. Und das ganze Zimmer
schunkelt im Takt.
Und so nimmt die Geschichte ein
gutes Ende. Das Schulgebäude ist kein
kinderfressendes Monster. Es mag
Popel und Musik.
Und Milla hat keine Angst mehr vor
der Schule.

Wenn du merkst, dass in einem Haus
die Rahmen auf einmal schief hängen,
obwohl sie niemand berührt hat.
Oder wenn das Gebäude eigenartig
riecht und seltsame Geräusche macht.
Oder wenn Sachen verschwinden und
plötzlich wieder auftauchen.
Oder wenn du das Gefühl hast,
die Fenster und Türen sehen wie ein
Gesicht aus.
Dann solltest du Herrn
Tschurtschenthaler fragen, genau
wie es Milla macht: „Glauben Sie,
dass es noch mehr Häuser gibt wie
unsere Schule?"
Herr Tschurtschenthaler lächelt und
sagt: „Ganz bestimmt."

Lösungen

8 Milla geht in die IGELGRUPPE.

12 IGEL reimt sich auf SPIEGEL reimt sich auf ZIEGEL reimt sich auf SIEGEL reimt sich auf RIEGEL.
ZEH reimt sich auf REH reimt sich auf SEE reimt sich auf FEE reimt sich auf KLEE.

16 Die fünf Raubkatzen sind:
TI GER
LÖ WE
GE PARD
JA GU AR
PU MA

21 Im rosa Kaugummi stecken folgende Dinge:
TAFEL, SCHULE, LEHRERIN, APFEL, WURM, POKAL, BUCH, BAUM

26 Hinter der Tür hört Milla ein SCHMATZEN und GRUNZEN.

32
1. LEO PARD
2. ROB OTER
3. KARO KÄSTCHEN
4. ANA KONDA

40

43 Das Abenteuer fängt mit einem PFEIFEN an.

51 Zuerst schüttelt sich das KLO.
Dann schießt ein WASSERSTRAHL aus der Kloschüssel.
Ben fällt hinab in eine RUTSCHE.
Er fühlt sich wie in einer ACHTERBAHN.
Er landet in einem Zimmer, das eine HÜPFBURG ist.

58 VERFRESSEN
HUNGRIG
NIMMERSATT
UNERSÄTTLICH

64 HAUS, AUS, MEIST, EIS, ER, IN, MEISTER, MEISTERIN, INNEN

69
1 Eule   1 roter Pulli

[Bild: Klassenfoto mit markierten Feldern]

3 Brillen   5 blaue Hosen   1 Pferdeschwanz

74

Das Haus mag MUSIK und POPEL.